westermann

praxis

Betriebspraktikum
Arbeitsheft

Herausgeber
Hans Kaminski

Autorinnen
Anne Eickelkamp
Bettina Pulkrabek

Bildquellenverzeichnis
|BC GmbH Verlags- und Medien-, Forschungs- und Beratungsgesellschaft, Wiesbaden: 19, 19, 19, 19, 19, 19, 19, 19, 19, 19. |Bundesagentur für Arbeit, Nürnberg: 39, 39, 39, 39, 39. |Dägling, Andreas, Wardenburg: 5, 6, 10, 11, 12, 21, 22, 23, 24, 26, 27, 28, 30, 33, 36, 37. |DIHK Deutscher Industrie- und Handelskammertag e.V., Berlin: 39. |Druwe & Polastri, Cremlingen/Weddel: 17. |F1online digitale Bildagentur GmbH, Frankfurt/M.: 34. |fotolia.com, New York: 3; contrastwerkstatt 18; Dietl, Jeanette 15; Simsek, Emir 4; Tennert, M. 38; Trueffelpix 3, 3, 3; WavebreakmediaMicro 7; wildworx 32. |Hüter, Michael, Bochum: Stiftung Jugend und Bildung 13. |iStockphoto.com, Calgary: pablo_rodriguez1 Titel; xavierarnau 9. |Picture-Alliance GmbH, Frankfurt/M.: dpa/W. Langefeld 8. |stock.adobe.com, Dublin: industrieblick 25; jcomp 29; Karanov images 35; Picture-Factory 31; Sanders, Gina 19; Young, Lisa F. 20.

Druck A[4] / Jahr 2025
Alle Drucke der Serie A sind inhaltlich unverändert.

Die Seiten dieses Produkts bestehen zu 100 % aus Altpapier.
Damit tragen wir dazu bei, dass Wald geschützt wird, Ressourcen geschont werden und der Einsatz von Chemikalien reduziert wird. Die Produktion eines Klassensatzes unserer Arbeitshefte aus reinem Altpapier spart durchschnittlich 12 Kilogramm Holz und 178 Liter Wasser, sie vermeidet 7 Kilogramm Abfall und reduziert den Ausstoß von Kohlendioxid im Vergleich zu einem Klassensatz aus Frischfaserpapier. Unser Recyclingpapier ist nach den Richtlinien des Blauen Engels zertifiziert.

Redaktion: Jürgen Schallmann
Umschlaggestaltung/Layout: LIO Design GmbH, Braunschweig/ Druckreif!, Braunschweig
Druck und Bindung: Westermann Druck GmbH, Georg-Westermann-Allee 66, 38104 Braunschweig

ISBN 978-3-14-**116001**-7

Symbole

B Texte, die alltägliche Situationen beispielhaft darstellen

Q Quellentexte, die bereits woanders veröffentlicht wurden

T Hier findest du weitere Tipps und Hinweise

Im Arbeitsheft wird oft nur die männliche Form genannt, damit die Texte lesbarer sind. Männer und Frauen/Jungs und Mädchen sind natürlich gleichermaßen gemeint.

Mein Praktikum im Überblick

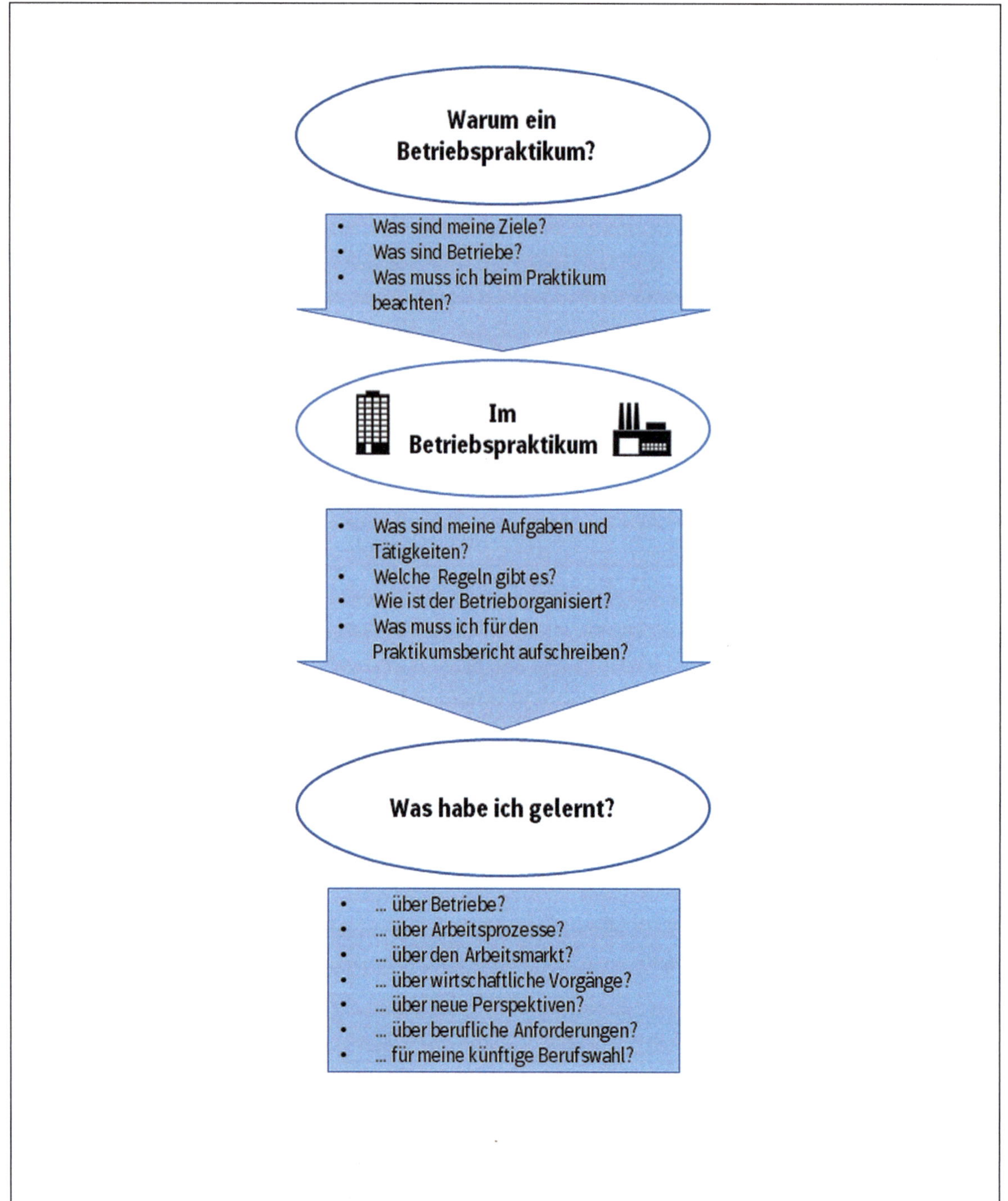

Denke daran, das Praktikum hat mehrere Aufgaben. Es dient dazu

1. neue Erfahrungen zu gewinnen über Unternehmen. Unternehmen bieten später für viele von euch die Möglichkeit, Einkommen zu erzielen und die eigene Existenz zu sichern und
2. vielleicht auch dazu einen Beruf/ein Arbeitsfeld kennen zu lernen, in dem du später sogar eine Ausbildung machen möchtest. Und manchmal hilft das Praktikum dabei zu erkennen, was man später gar nicht machen möchte.

Was bringt mir ein Betriebspraktikum?

Bald steht dein Betriebspraktikum an. Hast du dir schon Gedanken gemacht, welchen Betrieb oder welches Berufsfeld du kennenlernen möchtest? Vielleicht fragst du dich auch: Was bringt mir ein Praktikum?

Die Zeit im Betrieb bringt viele Veränderungen mit sich. Einige Wochen bist du auf dich allein gestellt. Ein Arbeitstag dauert acht Stunden. Damit ist er länger als der normale Schultag. Du lernst neue Menschen kennen und arbeitest an neuen Aufgaben mit ihnen zusammen. Begegne den neuen Herausforderungen positiv und sammle möglichst viele Eindrücke und Erfahrungen, z. B:

- Passt der Beruf zu dir? Welche Tätigkeiten fallen dir leicht? Welche findest du schwierig?
- Gibt es betriebliche Aufgaben und Abläufe, die dir im Arbeitsleben begegnen könnten?
- Welche verschiedenen Menschen treffen in Betrieben aufeinander? Übe dich im Umgang mit Kunden, Mitarbeitern und Führungskräften.

B SINAS ERFAHRUNGEN:

Sina hat ihr Praktikum in einer Tischlerei gemacht. Sie berichtet, was ihr das Praktikum gebracht hat: *„Der erste Tag im Praktikum war sehr ungewohnt. Ich wäre am liebsten wieder zurück in die Schule gegangen. Aber dann habe ich mich an den Arbeitsalltag etwas gewöhnt und bekam die ersten eigenen Aufgaben. Ich merkte schnell, dass mir die handwerkliche Arbeit Spaß macht. Mein Betreuer erklärte mir jeden Handgriff und nahm mich sogar zu Kunden mit. Ich merkte, dass ich mich schnell in neue Aufgaben einarbeiten und mich schnell auf verschiedene Menschen einstellen kann."* ■

1 Befrage zwei Personen in deinem Umfeld, die bereits ein Praktikum gemacht haben (z. B. deine Eltern, Geschwister oder ältere Freunde):
– Welche guten und schlechten Erfahrungen haben sie gesammelt?
– Hat das Praktikum ihnen bei der Berufswahl geholfen?
– Welche Tipps würden sie dir geben?

2 Fasse ihre Aussagen unten zusammen und vergleiche sie.

Person Nr. 1: ____

____

____

Person Nr. 2: ____

____

____

Vergleich: ____

____

____

Was kommt vor und nach dem Praktikum

Eine gute **Vorbereitung** auf dein Betriebspraktikum ist wichtig, damit du den passenden Platz für dich findest und das Praktikum reibungslos abläuft.
Folgende Fragen sind dabei zu klären:

- Welche Erwartungen hast du an dein Praktikum?
- Welche Betriebe gibt es in deiner Region?
- Welcher Betrieb passt zu deinen Vorstellungen?
- Wie bewirbt man sich um ein Praktikum?
- Was sind deine Rechte und Pflichten im Praktikum?

Wenn du einen passenden Betrieb gefunden hast, beginnt die **Zeit des Praktikums**. Meistens gibt es einen Mitarbeiter, der dich im Praktikum betreut. Nach einer Einweisung übernimmst du bestenfalls verschiedene Aufgaben im Betrieb. Denke daran, dir regelmäßig zu deinen Eindrücken Notizen zu machen. Dann hast du später genügend Material für die Auswertung.

Nach dem Praktikum steht die **Auswertung** an. Nimm dir dafür ausreichend Zeit. Überlege, welche guten und schlechten Erfahrungen du gesammelt hast. Diese Fragen helfen dir:

- Was hat dir besonders gut gefallen, was weniger gut?
- Welchen verschiedenen Menschen mit welchen Rollen/Aufgaben bist du begegnet? Wie war jeweils der Kontakt/Umgang?
- Welche deiner Erwartungen wurden erfüllt und welche nicht?
- Könntest du dir eine Ausbildung in dem Berufsfeld und/oder Betrieb vorstellen?

1 Fasse erste Überlegungen zum Betriebspraktikum unten zusammen, z. B.:
- **Welches Berufsfeld/welche Berufsfelder findest du spannend und warum?**
- **Gibt es schon einen Betrieb oder mehrere, die dich interessieren?**
- **Welche konkreten Vorstellungen hast du bzw. was wäre dir wichtig?**

Erste Überlegungen

2 Notiere deine offenen Fragen zur Vorbereitung des Praktikums, z. B.:
- **Wie finde ich Betriebe in meiner Region?**
- **Wie bewerbe ich mich richtig um ein Praktikum?**

Offene Fragen:

Wie unterscheidet man Betriebe?

Aus dem Alltag kennst du viele Betriebe. Sie haben unterschiedliche Aufgaben.

Einige Betriebe stellen etwas her: Sie produzieren Sachgüter, wie z.B. Kleidung, Nahrungsmittel, Maschinen. Andere Betriebe bieten Dienstleistungen an. Das sind z.B. Friseure, Ärzte oder Einzelhandelsgeschäfte.

Eine Tischlerei ist ein Produktionsbetrieb. Hier werden u.a. Möbel hergestellt. Ein Reisebüro ist ein Dienstleistungsbetrieb. Hier werden Reisen angeboten und Kunden beraten. Im Produktionsbetrieb werden:

Rohstoffe gewonnen	Güter hergestellt für die weiteren Produktion von Gütern	Güter hergestellt für den Konsum
z.B.: Holz, Getreide, Kohle	z.B.: Backöfen für Bäckereien, Maschinen für Fabriken	z.B.: Möbel, Brötchen, Kleidung

Im Dienstleistungsbetrieb werden u.a.:

Güter gehandelt	der Transport geregelt	Bankgeschäfte geregelt	sonstige Dienste angeboten
z.B. Verkauf von Kleidung oder Lebensmitteln	z.B. durch Busse, Bahn, Schiffe	z.B. durch die Bereitstellung von Geld	z.B. Haare schneiden, Kinder betreuen, Kleidung reinigen

1 **Ordne die unten aufgeführten Betriebe einem Produktions- oder Dienstleistungsbetrieb zu, indem du das richtige Ergebnis ankreuzt.**

2 **Benenne, welche Aufgaben die Betriebe übernehmen und notiere diese im dafür vorgesehenen Feld.**

	Produktionsbetrieb	**Dienstleistungsbetrieb**
Kindergarten	☐	☐
Autowerk	☐	☐
Tankstelle	☐	☐
Landwirtschaftsbetrieb	☐	☐

Kindergarten – *Aufgabe:* ______

Autowerk – *Aufgabe:* ______

Tankstelle – *Aufgabe:* ______

Landwirtschaftsbetrieb – *Aufgabe:* ______

Wie ist ein Betrieb organisiert?

Ein Betrieb muss Produkte herstellen oder Dienstleistungen anbieten, um erfolgreich bestehen zu können.

An dem vereinfachten Beispiel einer Tischlerei, die Möbel herstellt und verkauft, lassen sich die **drei betrieblichen Grundaufgaben** (Beschaffung, Produktion und Absatz) darstellen. Sie finden sich in jedem Produktionsbetrieb wieder.

Beschaffung

Um Möbel herzustellen, benötigt die Tischlerei Werkstoffe (z. B. Holz), Betriebsmittel (z. B. Maschinen und Werkzeuge) und Arbeit (wie Arbeitskräfte). Werkstoffe, Betriebsmittel und Arbeit werden als **betriebliche Produktionsfaktoren** bezeichnet.

Die benötigten Werkstoffe (Holz, Leim, Schrauben etc.) müssen beschafft werden bevor die Möbel hergestellt werden können. Es ist wichtig, dass die Materialien in der richtigen Menge und zum richtigen Zeitpunkt zur Verfügung stehen. Der Betrieb bekommt ansonsten Probleme, wenn z. B. nicht ausreichend Holz zur Verfügung steht.

Produktion

Die zweite betriebliche Grundfunktion ist die Herstellung der Produkte, die Produktion. Bevor ein Möbelstück hergestellt werden kann müssen die einzelnen Arbeitsschritte geplant werden. Hier müssen bestimmte Vorgaben, z. B. zur Qualität der Möbelstücke, beachtet werden.

Die Produktionsfaktoren werden für die Herstellung der Möbel eingesetzt. Es gibt Unternehmen, die hauptsächlich mit großen Maschinen arbeiten. Es gibt aber auch kleinere Betriebe, die noch vieles mit Handarbeit erledigen, um besondere Wünsche erfüllen zu können.

1 **Benenne die betrieblichen Grundaufgaben einer Tischlerei (Seite 8 und 9).**

___

___

___

2 **Beschreibe in Stichworten die Aufgaben der Beschaffung, der Produktion und des Absatzes am Beispiel einer Bäckerei, die selbst Brot und Brötchen backt.**

Betriebliche Grundaufgaben einer Bäckerei

Beschaffung	Produktion	Absatz

Wie ist ein Betrieb organisiert?

Absatz

Nur die Herstellung von Möbeln reicht für eine Tischlerei nicht aus. Die Möbel müssen verkauft werden. Für einen Betrieb ist es wichtig, für seine Produkte und Dienstleistungen Käufer zu finden. Die dritte Grundfunktion eines Betriebes ist daher der Absatz, das heißt der Verkauf der Produkte.

Zum Absatz gehört auch die Werbung für den Betrieb und seine Produkte. Wer den Betrieb nicht kennt, wird dort nichts kaufen. Der Betrieb muss sich genau überlegen, wie er auf sich aufmerksam machen kann.

Eine Tischlerei muss schon im Vorfeld überlegen, welche Möbelstücke sich zu welchen Preisen verkaufen lassen. Diese Aufgabe ist ebenfalls Teil des Absatzes. Häufig fertigt eine Tischlerei direkt nach Kundenwünschen, das heißt sie fertigt ein einzelnes Möbelstück für einen bestimmten Kunden.

Sonderfall: Dienstleistungsbetrieb

In Dienstleistungsbetrieben gibt es zwar die Beschaffung und den Absatz, es werden aber keine Güter hergestellt. Für ein Reisebüro müssen z. B. Computer, Tische und spezielle Software zum Buchen von Reisen beschafft werden. Mit diesen Mitteln wird aber kein Produkt erstellt, sondern eine Dienstleistung angeboten. Dies kann z. B. eine Urlaubsberatung sein.

Natürlich spielt in Dienstleistungsbetrieben der Vertrieb eine große Rolle. Möglichst viele Kunden sollen die Dienstleistung in Anspruch nehmen.

1 **Nenne drei Unternehmen der Tourismusbranche, die Dienstleistungen anbieten.**

2 **Benenne die angebotenen Dienstleistungen und die eingesetzten Betriebsmittel.**

Dienstleistungsbetriebe im Tourismus

1. Unternehmen:	2. Unternehmen:	3. Unternehmen:
Dienstleistungen:	Dienstleistungen:	Dienstleistungen:
Betriebsmittel:	Betriebsmittel:	Betriebsmittel:

3 **Immer mehr Konsumenten suchen und buchen sich selbst Reisen im Internet. Welche Konsequenzen hat das, z. B. für Reisebüros?**

___

___

___

Betriebe in meiner Region

Nachdem du dich mit den unterschiedlichen Arten und Aufgaben von Betrieben beschäftigt hast, wirst du die Betriebe in deiner Region genauer unter die Lupe nehmen.

Wenn du durch deinen Wohnort oder deinen Stadtteil gehst, kannst du viele Betriebe entdecken. Das sind meistens Dienstleistungsbetriebe wie Geschäfte, Arztpraxen, Friseure, Banken und Cafés. Vor allem größere Produktionsbetriebe befinden sich oft etwas außerhalb von Ortschaften und Städten. Diese sind für eine Region von großer Bedeutung, da sie viele Arbeitsplätze und Ausbildungsmöglichkeiten anbieten.

Internetrecherche

Verrschaffe dir einen Überblick über wichtige Betriebe deiner Region. Dafür recherchierst du im Internet und befragst deine Eltern sowie weitere Verwandte/Bekannte. Der Internetauftritt deines Landkreises oder deiner Stadt hält Informationen zu regionalen Betrieben bereit. Häufig findest du diese unter der Rubrik „Wirtschaft" oder „Wirtschaftsförderung".
Verschaffe dir einen Überblick anhand folgender Fragen:

- Welche kleinen und großen Betriebe gibt es?
- Was stellen die Betriebe her bzw. was bieten sie an?
- Wo befinden sich die Betriebe?
- Welche Berufe werden in den Betrieben ausgeübt und ausgebildet?

1 **Notiere drei größere Produktions- und Dienstleistungsbetriebe in deiner Region und deren Aufgabe in Stichworten.**

2 **Markiere den Betrieb, der dich am ehesten interessieren würde. Begründe einem Mitschüler deine Entscheidung.**

Produktionsbetriebe deiner Region

1. ____________________

2. ____________________

3. ____________________

____

Dienstleistungsbetriebe deiner Region

1. ____________________

2. ____________________

3. ____________________

____

Meine Interessen und Fähigkeiten

Jeder Mensch hat unterschiedliche Interessen und Fähigkeiten. Diese sollte man kennen, um einen passenden Praktikumsplatz oder Ausbildungsberuf zu finden.

Beispielsweise ist es für eine Tischlerin wichtig, dass sie handwerklich geschickt ist. Das zeigt sich dadurch, dass sie gerne bastelt oder mit verschiedenen Materialien arbeitet.

Ein Erzieher sollte gerne mit Jugendlichen und Kindern zusammenarbeiten und nervlich belastbar sein.

Strebt man eine Ausbildung im kaufmännischen Bereich an, z. B. als Bürokauffrau, sollte man die deutsche Sprache gut beherrschen und mit einem Computer umgehen können.

Jeder Beruf setzt bestimmte Fähigkeiten und Interessen voraus, die man zumindest in Ansätzen mitbringen sollte. Setze dich vor und nach deinem Praktikum mit deinen Stärken und Fähigkeiten auseinander. Damit kannst du erkennen, ob dein Wunschberuf zu dir passt.

Denke beispielsweise darüber nach,
... was dich in deiner Freizeit interessiert und was du gerne machst.
... welche Schulfächer dir besonders Spaß machen.
... welche Eigenschaften und Fähigkeiten deine Familie und deine Freunde an dir schätzen.
... wo, womit und mit wem du später gerne mal arbeiten möchtest.

1 Beurteile deine Interessen, indem du dich in den unten aufgeführten Bereichen bewertest. Markiere dafür die Smileys.

Ich gehe gerne mit Pflanzen und Tieren um.	☺	😐	☹
Ich arbeite gerne mit Menschen.	☺	😐	☹
Ich arbeite gerne handwerklich.	☺	😐	☹
Mir macht es Spaß, etwas zu verkaufen.	☺	😐	☹
Mir macht es Spaß, etwas zu reparieren.	☺	😐	☹
Ich arbeite gerne allein.	☺	😐	☹
Ich bin gerne unterwegs.	☺	😐	☹

Ich arbeite gerne drinnen.	☺	😐	☹
Ich arbeite gerne körperlich.	☺	😐	☹
Ich arbeite gerne mit Kinder und Senioren.	☺	😐	☹
Ich arbeite gerne gestalterisch und kreativ.	☺	😐	☹
Ich arbeite gerne mit Maschinen.	☺	😐	☹
Ich arbeite gerne mit anderen zusammen.	☺	😐	☹
Ich arbeite gerne im Freien.	☺	😐	☹

Meine Interessen kann ich so zusammenfassen:

____

____

____

Meine Interessen und Fähigkeiten

Besonders wichtig bei der Auswahl eines Praktikums und der späteren Berufswahl sind deine Stärken. Werde dir bewusst, was du gut kannst, damit du deine Stärken gezielt einsetzen und sie weiter ausbauen kannst.

Schaue dir verschiedene Bereiche deines Lebens genauer an, um zu sehen, wo deine Stärken und besonderen Fähigkeiten liegen:

- Schule: Welche Schulfächer liegen dir am meisten? Kannst du z. B. in Deutsch gute Texte schreiben oder in Mathematik gut mit Zahlen umgehen?
- Familie: Bei welchen Aufgaben kannst du deine Familie am besten unterstützen? Hilfst du beim Renovieren von Zimmern oder Reparieren von Fahrrädern? Erledigst du lieber bestimmte Aufgaben im Haushalt oder passt auf die Nachbarskinder auf?
- Freizeit: Bei welchen Hobbys zeigst du besonderes Geschick, z. B. im Sport oder bei bestimmten Spielen? Was kannst du in deiner Freizeit gut planen oder organisieren?
- Freunde: Was mögen deine Freunde besonders an dir? Hast du viele Ideen, wenn es um passende Geschenke und schöne Dekorationen geht? Wirst du um Hilfe gefragt, wenn ein Ausflug geplant wird? Fragen dich deine Freunde um Rat, weil du gut zuhören kannst?

1 Notiere deine Stärken und Fähigkeiten in der linken Spalte.

2 Lasse deine Stärken von Familienmitgliedern und Freunden einschätzen und trage die Ergebnisse in der rechten Spalte ein.

3 Vergleiche die beiden Spalten miteinander. Welche Gemeinsamkeiten und Unterschiede kannst du feststellen?

Selbsteinschätzung	Fremdeinschätzung
–	–
–	–
–	–
–	–
–	–
–	–

Das habe ich festgestellt:

Welcher Beruf passt zu mir?

Du kennst jetzt deine Interessen und Fähigkeiten besser und hast vielleicht schon ein paar Berufe in deine Auswahl genommen. Es gibt eine große Vielfalt an Berufen. Setze dich darum gründlich mit den Arbeitsbedingungen der einzelnen Berufe auseinander.

Einen Überblick über die Ausbildungsberufe und genauere Informationen findest du im Internet bei **berufenet.arbeitsagentur.de** oder **planet-beruf.de**. Unter **berufe.tv** kannst du dir Filme aus dem Arbeitsalltag anschauen. So gewinnst du einen besseren Eindruck von den Berufen.

Wenn du z. B. ein Praktikum als Gärtner machen möchtest, solltest du prüfen, ob du die Anforderungen bewältigen kannst. Der Beruf ist körperlich anstrengend und du arbeitest oft draußen. Als Praktikant testest du, ob du dazu bereit bist. Vielleicht entdeckst du bei deiner Recherche Berufe, die du noch nicht kennst, die dich aber trotzdem interessieren. Bleibe offen für Neues.

1 Wähle drei Berufe aus, die dich interessieren.

2 Recherchiere im Internet, welche Anforderungen, Interessen (u. a. Schulfächer) und welchen Schulabschluss du für den jeweiligen Beruf mitbringen solltest.

3 Welcher Beruf wäre dein Favorit? Begründe.

1. Beruf: ______________________

Anforderungen: ______________________

Interessen: ______________________

Schulabschluss: ______________________

2. Beruf: ______________________

Anforderungen: ______________________

Interessen: ______________________

Schulabschluss: ______________________

3. Beruf: ______________________

Anforderungen: ______________________

Interessen: ______________________

Schulabschluss: ______________________

Mein Favorit: ______________________

Was sind Schlüsselqualifikationen?

Als überregionales Krankenhaus bieten wir engagierten jungen Menschen mit Beginn zum 1. September die Möglichkeit der

Ausbildung zum Gesundheits- und Krankenpfleger

Sie sind teamfähig, verantwortungsbewusst und zuverlässig? Sie besitzen ein hohes Maß an Eigeninitiative? Sie sind freundlich und haben ein gepflegtes Auftreten? Sie wollen mit unterschiedlichen Menschen zusammenarbeiten und können auf Menschen zugehen? Starten Sie mit uns in Ihren neuen Beruf.

Wir erwarten einen guten Schulabschluss mit guten Noten in den Fächern Biologie und Chemie.

Ihre Bewerbung richten Sie bitte an

Nordwest-Klinik
Tannenstraße 3
22666 Musterstadt

Im Berufsleben spielen Schlüsselqualifikationen eine wichtige Rolle. Sie lassen sich in fachliche, soziale und persönliche Kompetenzen unterscheiden.

- Die fachlichen Kompetenzen beziehen sich immer auf bestimmte Inhalte, die man sich z. B. in der Schule aneignet. Fachwissen ist z. B. das Wissen über Tierarten, mathematische Kenntnisse oder auch eine gute sprachliche Ausdrucksweise. In den letzten Jahren sind Sprach- und IT-Kompetenzen wichtiger geworden. Das Fachwissen für einen Beruf lernt man in der Ausbildung.
- Die sozialen Kompetenzen zeigen sich vor allem im Umgang mit Menschen, z. B. in der Fähigkeit zu kommunizieren, in einem Team zu arbeiten oder mit Konflikten umzugehen. Besonders in sozialen Berufen, wie Erzieher oder Altenpfleger, ist es wichtig, sich in andere hineinversetzen zu können und Einfühlungsvermögen mitzubringen.
- Die persönlichen Kompetenzen zeigen sich im Arbeitsalltag durch eine selbstständige Arbeitsweise, Flexibilität und Zuverlässigkeit, aber auch durch Kreativität und Belastbarkeit.

1 **Lies dir die Stellenanzeige aufmerksam durch und markiere alle Voraussetzungen, die an Bewerber gestellt werden.**

2 **Ordne die Voraussetzungen den drei Kompetenzarten zu.**

Voraussetzungen der Ausbildung zum Gesundheits- und Krankenpfleger

1. Fachliche Kompetenzen: ______________________

2. Persönliche Kompetenzen: ______________________

3. Soziale Kompetenzen: ______________________

3 **Beschreibe auf einem Extrablatt Kompetenzen, die man als Tischler oder Tourismuskaufmann mitbringen sollte.**

Wie finde ich eine Praktikumsstelle?

Du hast dich für ein Berufsfeld entschieden, das du im Praktikum näher kennenlernen möchtest. Als nächstes musst du einen passenden Betrieb finden und mit ihm Kontakt aufnehmen. Das kann per Telefon oder E-Mail erfolgen. Größere Unternehmen erhalten viele Anfragen. Daher haben sie häufig ein Kontaktformular auf ihrer Internetseite. Nutze solche Formulare. Findest du keine genaueren Angaben, ist ein Anruf am einfachsten und schnellsten.

Was ist beim Telefonat zu beachten?

- Führe das Gespräch in einer ruhigen Umgebung.
- Lege Stift und Zettel bereit, um dir wichtige Informationen direkt aufschreiben zu können.
- Nenne nach der Begrüßung deinen Namen. Erfrage, ob ein Praktikum in dem gewünschten Beruf möglich ist. Nenne den genauen Zeitraum und wie viele Stunden du täglich anwesend sein würdest.
- Sollte der zuständige Ansprechpartner nicht da sein, biete an, wieder anzurufen. Frage nach einem günstigen Zeitpunkt. Du kannst auch anbieten, eine E-Mail zu schreiben. Lass dir dafür die E-Mail-Adresse geben.
- Höre am Telefon aufmerksam zu und frage nach, wenn du etwas nicht verstanden hast. Stelle für dich wichtige Fragen. Damit zeigst du dein Interesse.
- Bedanke dich am Ende für das Gespräch und verabschiede dich. Bleibe immer höflich, auch wenn du eine Absage erhältst.

B EINE SUCHE NACH EINEM PRAKTIKUMSBETRIEB

Mara sucht einen Praktikumsplatz in einer Kindertagesstätte (Kita). Sie recherchiert im Internet und findet drei Einrichtungen in ihrer Gegend. Zwei Kitas haben eine eigene Homepage. Hier findet sie Informationen zur Kita sowie die Telefonnummer und die E-Mail-Adresse.
Mara hat bereits bei einer Kita angerufen, aber eine Absage erhalten. Auf den Anruf bei der zweiten Kita möchte sie sich etwas besser vorbereiten, um weniger nervös zu wirken. Sie notiert sich alle wichtigen Fragen, um während des Gesprächs nichts zu vergessen. ■

1 **Erstellt in Partnerarbeit einen Notizzettel für Mara, auf dem ihr alle Fragen für das Telefongespräch notiert. Berücksichtigt dabei alle wichtigen Informationen zum Praktikum.**

2 **Notiert auch Fragen, die die Leiterin der Kindertagesstätte an Mara stellen könnte.**

3 **Spielt das Telefonat mithilfe der Notizen gemeinsam in der Klasse vor. Überlegt, was gut war und was man noch verbessern könnte.**

Die schriftliche Bewerbung

Mara Muster
Teststraße 12
22666 Musterstadt
Tel.: 4567 999333
E-Mail: mara.muster@test.com

Beispielbetrieb
Betriebsstraße 2
22666 Musterstadt

12. November 20..

Bewerbung um einen Praktikumsplatz als ...

Sehr geehrte Damen und Herren,

an dieser Stelle steht dein eigener Bewerbungstext.

Mit freundlichen Grüßen

Mara Muster

Größere Betriebe fordern eine schriftliche Bewerbung, vor allem wenn sie mehrere Stellen anbieten. Der Betrieb gewinnt so einen ersten Eindruck vom Bewerber. Daher ist es sehr wichtig, Bewerbungen sorgfältig zu schreiben. Bewerbungen werden am Computer erstellt.

Bestandteile eines Anschreibens:

1. Kontaktdaten des Bewerbers
2. Anschrift des Betriebes und ggf. Ansprechpartner
3. Datum
4. Betreffzeile: Für welches Praktikum bewirbst du dich?
5. Anrede: konkreter Ansprechpartner oder Sehr geehrte Damen und Herren
6. Bewerbungstext: Nenne deine Schule/Klasse sowie Praktikumsdauer und Zeitraum. Was interessiert dich an Betrieb und Berufsfeld? Beschreibe deine Fähigkeiten und Stärken?
7. Grußformel
8. Unterschrift

E-Mail-Bewerbung

Oft werden Bewerbungen per E-Mail versendet. Dafür brauchst du eine E-Mail-Adresse. Verwende eine seriöse Adresse, z. B. die, die du von deiner Schule bekommen hast. Die Bewerbung wird nicht als Word-Dokument, sondern als PDF-Datei versendet. Um ein PDF zu erstellen, benötigst du ein Textverarbeitungsprogramm (z. B. Word, Pages oder Writer). Erkundige dich im Familien- und Freundeskreis, wer dir bei der Bewerbung helfen könnte.

1 **Recherchiere unter http://bwt.planet-beruf.de weitere Informationen zur Bewerbung.**

2 **Erstelle ein Bewerbungsschreiben. Speichere es im Word- (.doc) und im PDF-Format (.pdf) ab.**

Der Lebenslauf

Lebenslauf

Mara Muster
Teststraße 12
22666 Musterstadt
Tel.: 4567 999333
E-Mail: mara.muster@test.com

Geburtsdatum:	07. Juli 20..
Geburtsort:	Musterstadt
Schulbildung:	
Sommer 20..	Realschulabschluss
01.08.20.. - 31.08.20..	Gesamtschule Musterstadt
01.08.20.. - 31.07.20..	Grundschule Musterstadt
Fähigkeiten und Kompetenzen:	
Computerkenntnisse:	Grundkenntnisse Word und Excel
Sprachkenntnisse:	gute Englisch- und Spanischkenntnisse
Hobbys:	Schwimmen, Kampfsport

Musterstadt, 12. November 20..

Mara Muster

Zu einer schriftlichen Bewerbung gehört neben dem Bewerbungsanschreiben auch ein Lebenslauf. Er wird als Tabelle in einem Word-Dokument erstellt.
Der Lebenslauf enthält neben den wesentlichen Informationen zu deiner Person und deiner schulischen Bildung auch deine Hobbys und Fähigkeiten.

Ein Bild von dir macht den Lebenslauf persönlicher, ist aber nicht zwingend notwendig. Am besten ist es, Bewerbungsfotos von einem professionellen Fotografen machen zu lassen.

Bewerbungsbild selbst machen:
Wähle eine gute Kamera mit hoher Auflösung. Achte darauf, dass du gut gekleidet und frisiert bist. Versuche, auf dem Bild freundlich und natürlich zu wirken. Wähle einen hellen, einfarbigen Hintergrund, z. B. eine weiße Wand. Sorge dafür, dass viel Tageslicht vorhanden ist. Lass dir am besten helfen. Solltest du unsicher sein, gehe besser zu einem Fotografen.

1 **Erstelle am PC oder Laptop deinen Lebenslauf und füge ein geeignetes Foto von dir ein. Drucke deine Bewerbung (Anschreiben und Lebenslauf) aus.**

2 **Vergleiche deine Bewerbung mit denen deiner Mitschüler. Überlegt gemeinsam, was gut war und was noch verbessert werden könnte.**

Das Vorstellungsgespräch

Betriebe verschaffen sich gerne einen Eindruck von Bewerbern durch ein Vorstellungsgespräch. Das findet nach deiner Bewerbung statt.

Der Betrieb möchte herausfinden, ob du motiviert bist und ob du zum Betrieb passt. Du bekommst dabei die Gelegenheit, deine Vorstellungen vom Betrieb zu überprüfen.

Auf ein Bewerbungsgespräch solltest du dich vorbereiten, um einen guten Eindruck zu hinterlassen. Dabei ist auch dein äußeres Erscheinungsbild wichtig.

Folgende Punkte solltest du beachten:
- Kleide dich angemessen, also weder zu sportlich noch zu fein. Wichtig ist, dass du dich in deiner Kleidung wohl fühlst.
- Erscheine pünktlich zum Gespräch. Eine Verspätung macht einen schlechten Eindruck.
- Verspätest du dich oder kannst aus wichtigen Gründen den Termin nicht einhalten, rufe schnellstmöglich im Betrieb an.
- Schalte vor dem Gespräch dein Mobiltelefon aus und packe es in deine Tasche.
- Am Anfang des Gesprächs steht eine freundliche Begrüßung: Du nennst deinen Namen und bedankst dich für die Einladung.
- Sei während des Gesprächs aufmerksam und frage nach, wenn du etwas nicht verstanden hast. Stelle eigene Fragen. Das zeigt dein Interesse.
- Bedanke dich am Ende für das Gespräch und verabschiede dich. Bleibe immer höflich, auch wenn du eine Absage erhältst.

1 Bereite dich auf ein Vorstellungsgespräch für ein Praktikumsplatz vor, indem du folgende Fragen beantwortest:
- **Warum hast du den Betrieb ausgewählt?**
- **Was interessiert dich am Berufsfeld/Beruf?**
- **Was sind deine Stärken und Schwächen?**
- **Was war dein bisheriger Lebensweg und wie stellt du dir deine Zukunft vor?**

____

____

____

____

____

____

2 Führt in der Klasse Bewerbungsgespräche durch. Eure Lehrkraft übernimmt die Rolle des Personalchefs. Die Mitschüler schlüpfen in die Rolle der Beobachter und machen sich Notizen (Extrablatt).
- **Wie hat der Bewerber auf dich gewirkt?**
- **Was hat dir beim Gespräch gefallen, was könnte verbessert werden?**
- **Würdest du den Bewerber als Praktikanten einstellen? Begründe.**

Praktikums-ABC: Alles, was nützlich sein kann!

Das Praktikum ist eine neue Situation. Du arbeitest in einer neuen Umgebung und stellst dich auf neue Menschen ein. Zudem gibt es Regeln, die du beachten musst. Viele diese Regeln dienen der Sicherheit. Daher solltest du die Sicherheitsbestimmungen deines Betriebes genau kennen und beachten.

Oft machen verschiedene Arten von Schildern auf die Regeln aufmerksam. Es gibt vier verschiedene Arten von Sicherheitszeichen:

1. Verbotszeichen zeigen an, was man auf keinen Fall tun darf. Sie sind immer rund, haben einen roten Rand und einen schrägen roten Balken.
   Betreten der Fläche verboten

2. Gebotszeichen zeigen an, was man tun muss. Sie haben einen blauen Hintergrund und eine weiße Zeichnung.
   Kopfschutz benutzen

3. Warnzeichen weisen auf Gefahren hin und fordern zu umsichtigen Verhalten auf. Sie sind dreieckig, haben einen gelben Hintergrund und eine schwarze Zeichnung.
   Warnung vor Rutschgefahr

4. Rettungszeichen weisen auf Einrichtungen, Geräte oder Rettungswege hin, die für die Rettung von Personen wichtig sind.
   Rettungsweg/Notausgang (links)

1 Recherchiere im Internet und notiere neben jedem Schild die richtige Bedeutung.

Praktikums-ABC: Alles, was nützlich sein kann!

Sicherheit ist für alle Mitarbeiter eines Betriebes wichtig. Für Kinder- und Jugendliche gibt es noch weitere Regelungen, um sie vor Gefahren am Ausbildungs- und Arbeitsplatz zu schützen. Diese werden im Jugendarbeitsschutzgesetz (JArbSchG) festgehalten. Darin ist z. B. geregelt, dass Jugendliche nicht mit Arbeiten beschäftigt werden dürfen, die zu anstrengend oder mit gesundheitlichen Risiken verbunden sind.

Q Auszug aus dem Gesetz zum Schutze der arbeitenden Jugend (Jugendarbeitsschutzgesetz – JArbSchG):

§ 8 Dauer der Arbeitszeit
Jugendliche dürfen nicht mehr als acht Stunden täglich und nicht mehr als 40 Stunden wöchentlich beschäftigt werden.

§ 11 Ruhepausen, Aufenthaltsräume
Jugendlichen müssen im voraus feststehende Ruhepausen von angemessener Dauer gewährt werden. Die Ruhepausen müssen mindestens betragen
30 Minuten bei einer Arbeitszeit von mehr als viereinhalb bis zu sechs Stunden,
60 Minuten bei einer Arbeitszeit von mehr als sechs Stunden.

§ 14 Nachtruhe
Jugendliche dürfen nur in der Zeit von 6 bis 20 Uhr beschäftigt werden.

§ 15 Fünf-Tage-Woche
Jugendliche dürfen nur an fünf Tagen in der Woche beschäftigt werden. Die beiden wöchentlichen Ruhetage sollen nach Möglichkeit aufeinander folgen. ■

Quelle: www.gesetze-im-internet.de/bundesrecht/jarbschg/gesamt.pdf

B **ARBEITSZEITEN**

Timur hat einen Praktikumsplatz in einem Einzelhandelsgeschäft:
Timur: *„Frau Krause, ich bin heute seit 10 Uhr im Geschäft und jetzt ist es 16 Uhr. Kann ich nicht eine Pause machen?“*
Frau Krause: *„Du weißt doch, dass Katja heute krank ist und da brauche ich deine Hilfe. Dafür bist du heute doch erst um 10 Uhr gekommen, da brauchst du jetzt doch keine Pause.“*
Timur: *„Kann ich dann um 18 Uhr gehen?“*
Frau Krause: *„Da wir heute Abend länger geöffnet haben, brauche ich dich bis 21 Uhr. Dafür musst du am Sonnabend nicht kommen.“* ■

1 **Gib den Sachverhalt des Fallbeispiels in eigenen Worten wieder.**

2 **Erläutere Timurs Rechte mithilfe des Jugendarbeitsschutzgesetzes und notierte deine Ergebnisse auf einem Extrablatt.**

3 **Diskutiere mit deinem Nachbarn, wie Timur seine Rechte einfordern könnte.**

Praktikums-ABC: Alles, was nützlich sein kann!

Im Praktikum gelten auch für dich als Praktikant bestimmte Verhaltensregeln. Diese Regeln sollten selbstverständlich sein. Sie sind Grundlage für die gute Zusammenarbeit. Dazu gehört es, **pünktlich** zum Praktikum zu erscheinen. Bei Krankheit musst du dich im Betrieb und in der Schule abmelden.

Wähle immer eine **passende Arbeitskleidung**. Sicherheitskleidung etwa für eine Werkstatt bekommst du von deinem Betrieb. Aber auch im Büro oder in einer Boutique sollte die eigene Kleidung angemessen sein.

Achte auf dein Verhalten und bleibe gegenüber Vorgesetzten, Kollegen und Kunden immer freundlich. Der Umgangston hängt vom Betrieb ab. In einer Tischlerei kann der Umgang etwas rauer als in einem Kosmetiksalon sein und ist dennoch freundlich.

Konzentriere dich während der Arbeit. **Höre genau zu**, wenn man dir etwas erklärt und **frage nach**, wenn du etwas nicht verstanden hast. So kannst du Fehler vermeiden. Erledige deine Arbeit so **sorgfältig** wie möglich und gehe mit allen Dingen sorgsam um. Falls mal etwas kaputt gehen sollte, sei ehrlich und sprich es an.

Besprich deine Fragen immer mit den Kollegen. Das zeigt dein **Interesse** an der Arbeit und dem Betrieb.

Kunden und Mitarbeiter bemerken schnell, ob du mit Freude bei der Arbeit bist. Auch wenn die Arbeit einmal eintönig sein sollte und du dich langweilst, lass dir gegenüber Kunden und Mitarbeitern nichts anmerken. Bleibe immer positiv und zeige Interesse.

B VERHALTEN IM PRAKTIKUM

1. Maria macht ein Praktikum in einer Konditorei. Die Chefin bittet sie am ersten Tag, ihre Ringe abzulegen. Es wäre zu unhygienisch. Maria weigert sich, da sie ihren Schmuck immer trägt.
2. Leon absolviert sein Praktikum in einer Kfz-Werkstatt. Während der Arbeit rutscht er mit einem Werkzeug ab und macht einen Kratzer in den Lack eines Autos. Als der Besitzer den Schaden entdeckt, streitet Mario vor seinem Chef alles ab.
3. Sergej macht ein Praktikum in einer Tischlerei. Da er seiner Mutter zum Geburtstag eine Schmucktruhe bauen möchte, nimmt er aus der Tischlerei heimlich Holzreste mit. ■

1 Lies die drei Beispiele durch und erläutere deren Gemeinsamkeiten.

2 Diskutiere die einzelnen Beispiele mit einem Mitschüler und entwickelt gemeinsam Vorschläge, wie sich die die Praktikanten hätten anders verhalten sollen.

Praktikums-ABC: Alles, was nützlich sein kann!

Die meisten Praktika laufen reibungslos ab. Nur selten gibt es Konflikte. Wenn du dich an die Verhaltens- und Sicherheitsregeln im Betrieb hältst, sollte es keine Probleme geben.

Trotzdem kommt es immer mal wieder vor, dass Kollegen oder der Chef nicht fair mit dir umgehen. Auch wenn du dich einmal ärgerst, ist es wichtig, ruhig zu bleiben und nicht unüberlegt zu handeln. Viele Konflikte beruhen auf Missverständnissen, die sich schnell aufklären lassen. Sollte es dir aber nicht gelingen, einen Konflikt alleine zu lösen, solltest du deinen Betreuungslehrer um Hilfe bitten.

Tipps für ein Streitgespräch:

- ruhig und gelassen bleiben,
- einen höflichen Umgangston ansetzen,
- nicht persönlich werden,
- sachlich bleiben,
- keine Schimpfwörter benutzen,
- dem Gegenüber zuhören,
- ausreden lassen,
- beim Thema bleiben.

B STREIT IM PRAKTIKUM

Stelle dir vor, du kommst in der zweiten Praktikumswoche in den Drogeriemarkt. Ein Kollege ist sauer auf dich und brüllt dich an: *„Du hast am Freitag am Waschmittelregal falsche Preise ausgehangen. Wir hatten am Sonnabend ziemlichen Ärger mit den Kunden, die den niedrigeren Preis bezahlen wollten. Hast du denn am Freitag nicht richtig zugehört, als ich dir alles erklärt habe? Wegen dir musste ich alles noch mal machen. Wir haben gleich einen Termin beim Chef, dem du dann erklären kannst, warum du das nicht konntest. So einen schlechten Praktikanten hatten wir noch nie."* ■

1 **Besprecht das Beispiel in der Klasse. Wie beurteilt ihr das Verhalten des Mitarbeiters?**

2 **Diskutiert, welche Möglichkeiten es gibt, den Konflikt zu lösen.**

3 **Führt ein Rollenspiel durch, indem ihr in die Rollen des Praktikanten, des Mitarbeiters und des Chefs schlüpft.**

Beobachtungsbogen zum Rollenspiel:

1. Welche Positionen haben der Praktikant, der Mitarbeiter und der Chef eingenommen?

____

____

____

2. Wie wurde der Konflikt gelöst?

____

____

3. Was könnte der Praktikant beim nächsten Mal anders machen?

____

____

Erwartungen an mein Praktikum

Jugendliche haben unterschiedliche Erwartungen an das Betriebspraktikum. Die meisten freuen sich auf neue Erlebnisse und Erfahrungen. Sie wollen praktisch arbeiten und einen umfassenden Blick in die Arbeitswelt erhalten.
Einige sind aber auch unsicher. Sie wissen nicht, was sie im Praktikum erwartet. Zur Vorbereitung ist es sinnvoll, über eigene Erwartungen und Vorstellungen nachzudenken, z. B.:

- Wie stellst du dir einen Arbeitstag vor?
- Wie stellst du dir den Umgang mit den Kollegen vor?
- Was erwartest du von dir selbst?
- Welche Befürchtungen hast du?
- Welche neuen Dinge möchtest du lernen?
- Welche Probleme könnten auftreten?

B WÜNSCHE UND ERWARTUNGEN

Diese Wünsche und Erwartungen haben andere Schülerinnen und Schüler an das Praktikum:
Simon: *„Ich glaube, dass ich viele unterschiedliche Aufgaben bekomme."*
Mahmud: *„Ich hoffe, dass im Betrieb alle locker miteinander umgehen."*
Vanessa: *„Ich möchte wissen, ob mir der Beruf später Spaß machen könnte."*
Chandra: *„Ich hoffe, dass ich mich nicht langweile."* ■

1 **Beschreibe deine Wünsche an das Praktikum, indem du die unten stehenden Sätze vervollständigst.**

2 **Vergleiche deine Ergebnisse mit den Ergebnissen anderer Mitschüler. Besprecht die Gemeinsamkeiten und Unterschiede.**

Vervollständige die angefangenen Sätze:

Ich wünsche mir für mein Praktikum ...

___

___

___

Im Praktikum würde ich gerne lernen ...

___

___

Ich würde gerne vermeiden ...

___

___

Erwartungen an mein Praktikum

Damit deine Wünsche und Erwartungen möglichst realistisch sind, solltest du dich vor dem Praktikum mit dem Betrieb und dem Berufsfeld auseinandersetzen. Du solltest dir zum Beispiel über die Anforderungen des Berufes im Klaren sein und dich ausführlich über den Betrieb informieren. So vermeidest du unnötige Enttäuschungen.

Auch dein Praktikumsbetrieb hat gewisse Erwartungen an dein Verhalten als Praktikant. Dein Betrieb lässt dich teilhaben an der täglichen Arbeit und erwartet, dass du dich an die Gegebenheiten anpasst. Für den Betrieb ist das wichtig, weil es bestimmte Regeln und Erwartungen an alle Mitarbeiter gibt, die zum normalen Tagesbetrieb gehören und auf Dauer den Erfolg des Betriebes mitbestimmen.

Nach Beendigung des Praktikums kannst du auf diese Seiten zurückblättern, um zu überprüfen, ob sich deine Erwartungen erfüllt haben.

B WAS BETRIEBE VON PRAKTIKANTEN ERWARTEN:

„Wir erwarten von den Praktikanten, dass sie vor allem pünktlich sind und ein freundliches Auftreten mitbringen."

„Wir erwarten Interesse an der Arbeit und hoffen, dass die Praktikanten mit Fleiß und Engagement bei der Arbeit sind." ■

1 **Markiere, wie wichtig dir die unten stehenden Erwartungen im Praktikum sind.**

2 **Diskutiert, welche konkreten Erwartungen der Betrieb an einen Praktikanten stellen könnte. Markiere die entsprechenden Smileys.**

Ich erwarte im Praktikum, dass	
... ich ständig beschäftigt bin.	☺😐☹
... ich schwierige Aufgaben erhalte.	☺😐☹
... mir die Aufgaben und Tätigkeiten gefallen werden.	☺😐☹
... die Mitarbeiter alle freundlich sind.	☺😐☹
... mir die Atmosphäre im Betrieb gefallen wird.	☺😐☹
... ich viele neue Dinge lernen werde.	☺😐☹
... das Praktikum besser sein wird als der Unterricht in der Schule.	☺😐☹
... ich meine Fähigkeiten bei der Arbeit gut einbringen kann.	☺😐☹
... ich interessante Erfahrungen mache.	☺😐☹
... ich spannende Aufgaben erledige.	☺😐☹
... ich im Praktikum gut betreut werde.	☺😐☹

Mein Praktikumsbetrieb

Durch die ausführliche Beschreibung deines Praktikumsbetriebes erhältst du einen Eindruck, wie die Arbeit in einem Betrieb organisiert sein kann.

Wichtige Informationsquellen für die Beschreibung deines Praktikumsbetriebes sind zunächst deine Beobachtungen. Notiere sie. Auf viele Fragen kannst du nur Antworten durch Gespräche mit den Mitarbeitern erhalten.

Um deinen Praktikumsbetrieb gründlich zu erkunden, sind folgende Fragen wichtig:

- Seit wann besteht der Betrieb schon?
- Wie viele Mitarbeiter arbeiten insgesamt im Betrieb?
- Welche Abteilungen hat der Betrieb?
- Welche Produkte erstellt der Betrieb?
- Welche Dienstleistungen werden angeboten?
- Arbeitet der Betrieb mit anderen Betrieben zusammen? Wenn ja, mit welchen?
- Wer sind die Kunden des Betriebes (Alter, Geschlecht, Berufsgruppe)?
- Welche Berufe werden in dem Betrieb ausgeübt?
- Wie viele Auszubildende hat der Betrieb im Moment?

T Eine Hilfe können Werbe- und Info-Materialien des Betriebes sein. Viele Betriebe informieren auch im Internet.

1 **Erfrage und recherchiere die Informationen zur Beantwortung der Fragen, sodass du im nächsten Schritt eine ausführliche Beschreibung deines Betriebes anfertigen kannst.**

2 **Fülle die Lücken aus, um festzuhalten, was du bereits über deinen Betrieb weißt.**

Was weißt du schon über deinen Praktikumsbetrieb?

Der Betrieb besteht seit: ______________________________

Der Betrieb bildet folgende Ausbildungsberufe aus: ______________________________

____

Im Betrieb werden ____________ verschiedene Berufe ausgeübt.

Der Betrieb hat ...
mehr als 10 Mitarbeiter. ☐ mehr als 30 Mitarbeiter. ☐ mehr als 50 Mitarbeiter. ☐

Davon befinden sich ____________ Mitarbeiter in der Ausbildung.

Der Betrieb hat folgende Abteilungen:

____

____

Aufgaben und Tätigkeiten

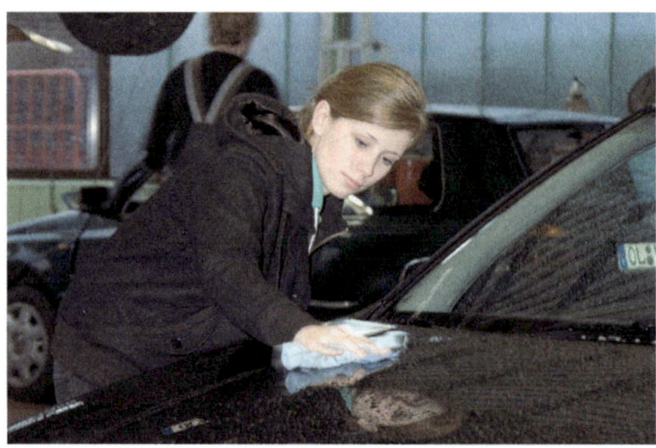

Als Praktikant darfst du oft Aufgaben übernehmen, die von den Mitarbeitern im Betrieb häufig durchgeführt werden und für den jeweils ausgeübten Beruf meist typisch sind. Einige Tätigkeiten wiederholen sich jeden Tag mehrmals, wie z. B. das Bettenmachen als Hotelfachmann. Manche Aufgaben fallen eher selten an und sind etwas Besonderes, z. B. die Vorbereitung einer Werbeaktion in einem Modegeschäft. Andere Tätigkeiten stellen für den Betrieb eine notwendige Routineaufgabe dar, wie z. B. das regelmäßige Reinigen des Werkzeugs in einer Kfz-Werkstatt.

Du wirst sehen, es können viele verschiedene Aufgaben anfallen. Bei der Beschreibung deiner Tätigkeiten kannst du bestimmte Merkmale darstellen wie den Arbeitsort sowie deine benutzten Gegenstände, Maschinen und Materialien.

Deine Aufgaben und Tätigkeiten kannst du mithilfe dieser Merkmale beschreiben:

- Dauer der Tätigkeit (minuten-, stunden- oder sogar tageweise),
- Umgebungseinflüsse (Hitze/Kälte, Lautstärke, Gerüche, Schmutz, usw.),
- körperliche und/oder geistige Arbeit,
- Nutzung von Werkzeugen/Maschinen (Schere, Pinsel, Computer, Bohrmaschine, usw.).

1 Schreibe in die obere Zeile der Tabelle kurz zwei Tätigkeiten, die du im Praktikum am häufigsten durchführst.

2 Ergänze die Tabelle, indem du deinen Tätigkeiten die benutzten Werkzeuge und Maschinen zuordnest sowie die Arbeitsbedingungen aufschreibst.

Meine Tätigkeiten im Praktikum

	1	2
Häufigste Tätigkeiten, die ich durchführe		
Werkzeuge/ Maschinen, die ich benutze		
Arbeitsbedingungen/ Umgebungseinflüsse		

Beschreibung eines typischen Arbeitsvorganges

Beschreibe einen Arbeitsvorgang, der besonders typisch für deinen Praktikumsberuf ist. Wer z. B. in einem Blumenladen ein Praktikum macht, sollte einen typischen Ablauf wie das Zusammenbinden eines Blumenstraußes beschreiben. Das ist ein beispielhafter Arbeitsvorgang eines Floristen. Zum Überblick eines Arbeitsvorganges gehört nicht nur die genaue Beschreibung der Tätigkeiten, sondern auch die Darstellung der Umgebungseinflüsse. Diese tragen maßgeblich dazu bei, wie der Arbeitsvorgang von einem Mitarbeiter empfunden wird und wie gut man seine Arbeit verrichten kann. Ebenfalls wichtig sind die benutzten Materialien und Maschinen. So gibt es Tätigkeiten, die durch bestimmte Maschinen erleichtert werden oder es gibt Rohstoffe, die schwierig zu bearbeiten sind.

Leitfragen zur Beschreibung eines Arbeitsvorganges:

- Wo führst du den Arbeitsvorgang aus?
- Wie sieht dein Arbeitsplatz aus?
- Welche Umgebungseinflüsse sind während des Arbeitsvorgangs vorhanden?
- Welche Geräte, Werkzeuge und Maschinen benutzt du?
- Wie lange dauert der Arbeitsvorgang?
- Welche Fähigkeiten sind erforderlich?
- Welches Produkt/Dienstleistung entsteht?

1 **Beschreibe einen Arbeitsvorgang, der für deinen Praktikumsberuf typisch ist. Orientiere dich dabei an den oben stehenden Leitfragen.**

____

____

____

____

____

____

____

____

____

2 **Beschreibe auf einem Extrablatt, welche weiteren typischen Tätigkeiten in deinem Praktikumsberuf durchgeführt werden und überprüfe für dich persönlich, ob du mit den Tätigkeiten zurechtkommen würdest.**

Gespräch mit einem Mitarbeiter

Das Gespräch mit einem Mitarbeiter bringt dir eine neue Sichtweise auf die Vorgänge im Betrieb. Hier erhälst du zum einen Informationen, die du selbst nicht beobachten kannst. Dazu zählt z. B. die Berufsausbildung des Mitarbeiters. Zum anderen erfährst du etwas über die persönlichen Einstellungen eines Mitarbeiters zu seinem Beruf. Was du durch das Gespräch erfährst, ist immer individuell. Andere Mitarbeiter können also ganz andere Meinungen und Vorstellungen haben.

Für das Mitarbeitergespräch wählst du eine Person aus dem Betrieb aus und fragst diese, ob sie mit einem Gespräch einverstanden ist. Mit dem Mitarbeiter vereinbarst du einen Termin für das Interview. Anschließend überlegst du dir Fragen, die du stellen willst. Die Fragen sollten allerdings nicht zu persönlich sein („Was halten Sie von Ihrem Chef?" wäre z. B. eine unangemessene Frage).

B JULIA BERICHTET VON IHREM MITARBEITERGESPRÄCH:

„Gestern hatte ich ein Gespräch mit dem Marktleiter des Supermarktes, wo ich mein Praktikum mache. Vorher hatte ich mir fast 35 Fragen überlegt. Leider hatte der Abteilungsleiter nur eine halbe Stunde Zeit und konnte daher nicht all meine Fragen beantworten. Trotzdem konnte ich durch das Gespräch neue Informationen erhalten. Ich fand's echt interessant. Schließlich hat man nicht alle Tage die Möglichkeit, sich so intensiv mit einem Marktleiter zu unterhalten." ■

1 Ergänze eigene Fragen, die du einem Mitarbeiter stellen möchtest.

Fragen an einen Mitarbeiter:
- Welchen Beruf haben Sie (genaue Bezeichnung)?
- Wer oder was hat Sie am meisten dazu motiviert, diesen Beruf zu wählen?
- Wie lange arbeiten Sie schon in diesem Beruf?

____

____

____

____

____

2 Suche einen Mitarbeiter deines Betriebes und vereinbare einen Interviewtermin.

3 Bereite dich auf das Gespräch vor, indem du dich kurz vorher noch mal mit den Fragen auseinandersetzt.

4 Führe das Interview durch und notiere deine Antworten auf einem Extrablatt.

Tagesberichte schreiben

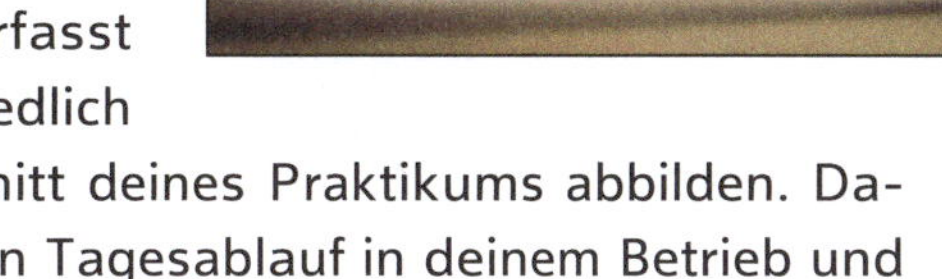

Im Praktikum wirst du unterschiedliche Aufgaben erledigen und verschiedenen Menschen (Mitarbeitern, Kunden…) begegnen. Möglicherweise erlebst du an manchen Tagen besondere Situationen, die nicht jeden Tag auftreten.

Solche Momente machen jeden Arbeitstag einmalig und anders. Gleichzeitig hat jeder Tag bestimmte, feste Strukturen (z. B. feste Pausenzeiten, festgelegte Tagesziele).

Um deine Eindrücke und Erlebnisse festzuhalten, verfasst du Tagesberichte. Obwohl jeder Arbeitstag unterschiedlich ist, können Tagesberichte einen realistischen Ausschnitt deines Praktikums abbilden. Dadurch erhältst du einen klaren Blick auf einen typischen Tagesablauf in deinem Betrieb und auf die Tätigkeiten in dem Praktikumsberuf.

Was gehört in einen Tagesbericht?

- Arbeitsbeginn, Pausen und Arbeitsende
- Beschreibung der Tätigkeiten (Dauer, Ziele, Ergebnisse)
- Arbeitssituationen (Einzelarbeit oder Teamarbeit)
- Besondere Erlebnisse
- Persönlicher Gesamteindruck

1 Notiere dir alle Aufgaben, Tätigkeiten, Kontakte, Eindrücke und Gedanken des Tages in Stichworten.

Kurze Notizen zum Tagesbericht

Datum: ____________________ Arbeitszeiten/Pausen: ____________________

____

Tätigkeiten und Eindrücke:

____

____

____

____

____

____

____

2 Schreibe zu Hause in Ruhe den Tagesbericht vor. Danach kannst du den Tagesbericht mit einem Füller sauber aufschreiben oder am PC tippen.

T Achte auf Absätze und einheitliche Formatierungen, damit der Bericht gut lesbar ist.

Wochenbericht schreiben

Während du in einem Tagesbericht deine Eindrücke und Erlebnisse eines bestimmten Tages schilderst, fasst du mit einem Wochenbericht mehrere Tätigkeiten und Aufgaben zusammen. Eine ganze Woche zu beschreiben hilft dir, einzelne Erfahrungen im Zusammenhang zu betrachten und einen Überblick von der Arbeit im Praktikum zu erhalten.

Was gehört in einen Wochenbericht?

- Evtl. Wochenziel, Wochenplanung
- Kurze Darstellung der täglichen Aufgaben und Tätigkeiten
- Tageseindrücke
- Besondere Erlebnisse
- Gesamteindruck der Praktikumswoche

B WIE DENKEN ANDERE SCHÜLER ÜBER EINE PRAKTIKUMSWOCHE?

Martin, 15 J.: *„Meine Woche war sehr ereignisreich. Ich habe fast jeden Tag mit Kunden zu tun gehabt und konnte viele neue Dinge lernen …“*

Lena, 14 J.: *„In dieser Woche habe ich gelernt, dass die einzelnen Arbeitstage immer in einem bestimmten Rhythmus ablaufen. Daran habe ich mich schnell gewöhnt und irgendwann ging vieles automatisch …“* ■

1 **Trage in die Tabelle für jeden Tag kurze Notizen zu deinen Hauptaufgaben und Tageseindrücken ein. Erstelle anschließend deinen Wochenbericht in einem Text (eine Seite).**

	Meine Hauptaufgaben	Meine persönlichen Eindrücke
Montag		
Dienstag		
Mittwoch		
Donnerstag		
Freitag		

Meine Eindrücke vom Betrieb

Wer über seine Erfahrungen im Praktikumsbetrieb nachdenkt merkt schnell, dass bestimmte Dinge großen Einfluss auf die persönlichen Eindrücke ausüben. Oft sind es nicht bloß die Aufgaben und Tätigkeiten, die die Eindrücke bestimmen, sondern die Beziehungen zu den Mitarbeitern und zu den Kunden des Betriebes.

Ein Betrieb kann für manche Schüler ein Ort sein, an dem sie sich wohl fühlen und gerne arbeiten. Wer sich am Arbeitsplatz unwohl fühlt, z. B. weil es laut und unruhig ist, der kann sich vielleicht nur mit Mühe auf seine Aufgaben konzentrieren und ein zufriedenstellendes Ergebnis abgeben.

B WOHLFÜHLEN

Emil (16), Praktikant in einem Fahrradladen: „Ob die Arbeit in einem Beruf Spaß macht, hängt hauptsächlich damit zusammen, wie sehr man sich in seinem Betrieb wohlfühlt.“ ■

Was sind deine persönlichen Eindrücke, die du im Betrieb erhalten hast? Um diese Frage zu beantworten, solltest du deine Wahrnehmungen zu folgenden Dingen überlegen:
- die Beziehung zu den Vorgesetzten,
- die Beziehung zu den Mitarbeitern,
- der Arbeitsplatz,
- die Arbeitszeiten,
- die Umgebungseinflüsse.

1 **Überlege, wie der Betrieb auf dich insgesamt gewirkt hat. Kreuze anschließend die folgenden Aussagen zu deinem Praktikumsbetrieb an, indem du entscheidest, ob sie stimmen, teilweise oder nicht stimmen.**

Welche Eindrücke hast du von deinem Praktikumsbetrieb mitgenommen?

	Stimmt	Stimmt teilweise	Stimmt nicht
Die Mitarbeiter waren freundlich.			
Die Praktikumsbetreuung war gut.			
Der Betrieb hatte eine angenehme Atmosphäre.			
Im Betrieb konnte auch mal gelacht werden.			
Der Arbeitsplatz war angenehm.			
Die Arbeitszeiten waren in Ordnung.			
Die Pausenregelung war in Ordnung.			
Es gab stressige Tage im Betrieb.			
Die Lautstärke beim Arbeiten war auszuhalten.			
Die Temperaturen beim Arbeiten waren angemessen.			

Meine Eindrücke von der Arbeit

Eine der wichtigsten Erfahrungen im Praktikum sind die täglichen Arbeitsvorgänge. Viele Tätigkeiten hast du das erste Mal kennengelernt und durchgeführt. Manche Aufgaben hast du sicher locker bewältigt. Vielleicht gab es aber auch Schwierigkeiten, die in der Arbeitswelt bei jedem Mitarbeiter mal auftreten können. Nun kannst du entscheiden, ob dir die Tätigkeiten des Praktikumsberufes gefallen.

B EINDRÜCKE VON FLORIAN, 15 JAHRE, PRAKTIKUM ALS MAURER:

„Ich hätte nie gedacht, dass die Arbeit auf der Baustelle so anstrengend ist. Zwar habe ich nicht rund um die Uhr Steine geschleppt, aber dafür war ich ständig in Bewegung und habe immer was zu tun gehabt. Am interessantesten fand ich, den angerührten Mörtel auf den Mauersteinen aufzutragen. Da musste man einerseits zügig und andererseits ordentlich arbeiten. Falls ich eine Ausbildung als Maurer beginnen sollte, werde ich noch weitere Tätigkeiten ausführen, die ich im Praktikum noch nicht kennengelernt habe. Da bin ich gespannt drauf." ■

1 Denke an deine Tätigkeiten im Betrieb zurück und bearbeite die folgenden Aufgaben.

a) Beschreibe, was dir an der Arbeit im Betrieb besonders gefallen hat:

____

____

____

b) Nenne Tätigkeiten, an denen du etwas weniger Spaß hattest:

____

____

____

c) Nenne Aufgaben oder Situationen, die schwierig oder problematisch waren.

____

____

____

d) Erläutere und begründe, ob die Aufgaben im Praktikum insgesamt zu dir passen oder eher nicht.

____

____

Wurden meine Erwartungen erfüllt?

Vor dem Praktikum hast du dir bereits ausführlich Gedanken gemacht, wie die Arbeit im Betrieb wohl sein wird. Du hattest bestimmte Erwartungen, die während deiner Praktikumszeit erfüllt oder nicht erfüllt wurden. Gerade die nicht erfüllten Erwartungen zeigen dir, wie sich die Wirklichkeit von deinen Vorstellungen unterscheidet. Wenn deine Erwartungen bestätigt wurden, hattest du eine sehr gute Einschätzung und hast bestimmt wenig unangenehme Überraschungen im Praktikum erlebt.

Interessant ist nach dem Praktikum also vor allem, ob deine Erwartungen wirklich realistisch waren. Dafür solltest du herausfinden, warum bestimmte Erwartungen möglicherweise nicht erfüllt werden konnten. Auch solltest du darüber nachdenken, was dich zu deinen Vorstellungen bewogen hat (Meinungen, Erfahrungen, Vorurteile usw.). Oft wird dadurch nachträglich der Blick auf das Arbeitsleben und auf den Praktikumsberuf verändert oder geschärft.

B STEFAN BESCHREIBT, WELCHE SEINER ERWARTUNGEN NICHT ERFÜLLT WURDEN:
„Als ich am ersten Tag im Versicherungsbüro ankam, war ich sehr schick angezogen. Ich hatte nämlich erwartet, dass dort eine gewisse Kleiderordnung angesagt ist. Mit meinem Outfit habe ich also nicht ganz dazu gepasst. Insgesamt geht es dort im Büro viel lockerer zu, als ich dachte.“ ■

1 **Blättere zurück auf Seite 23/24 und schaue dir noch einmal an, welche Erwartungen du vor dem Praktikum hattest.**

2 **Überprüfe nun, ob deine Erwartungen erfüllt wurden, indem du die unten stehenden Fragen beantwortest. Waren deine Erwartungen realistisch?**

... die Arbeitszeiten	☐ genauso vorgestellt	☐ anders vorgestellt
... den Umgang mit den Mitarbeitern	☐ genauso vorgestellt	☐ anders vorgestellt
... die Arbeitstätigkeiten	☐ genauso vorgestellt	☐ anders vorgestellt
... die Atmosphäre im Betrieb	☐ genauso vorgestellt	☐ anders vorgestellt

Im Großen und Ganzen wurden meine Erwartungen erfüllt. ☐ ja ☐ nein

Das habe ich mir anders vorgestellt:

____

____

____

____

____

Vergleich: Schule – Praktikum

Die Zeit in deinem Praktikum ist anders verlaufen, als die Zeit, die du in der Schule verbringst. Das hast du bestimmt als erstes an den unterschiedlichen Tätigkeiten bemerkt. Während du in der Schule viele verschiedene Unterrichtsfächer hast, erledigst du im Betrieb eine Reihe von Aufgaben, die einem ganz bestimmten Zweck dienen (z. B. die Herstellung von Brötchen oder das Betreuen von Kindern).

Die Ziele, die durch die Arbeit im Betrieb verfolgt werden, sind völlig anders als deine Ziele in der Schule.

Es unterscheiden sich aber nicht bloß die Tätigkeiten voneinander, sondern du bist auch mit anderen Menschen zusammen: mit Mitarbeitern, Führungskräften und Kunden. Mit diesen Menschen gehst du anders um als mit deinen Mitschülern. Im Betrieb gehörst du zur „Erwachsenenwelt" und musst dich den Gegebenheiten stark anpassen. In der Schule befindest du dich unter Jugendlichen und kannst dort oft noch eher „locker" sein.

Wenn du dir über die Unterschiede zwischen Schule und Betrieb bewusst wirst, wird der Übergang von der Schule in den Beruf möglicherweise einfacher geschehen. Denn du kannst dich den Gegebenheiten des Betriebes dann vielleicht schneller anpassen.

1 **Mache dir Gedanken über die Unterschiede zwischen der Arbeit im Betrieb und dem Unterricht in der Schule. Fülle anschließend die unten stehenden Felder aus.**

2 **Überlege, warum du dich schnell an die Arbeitszeiten und Gegebenheiten im Betrieb anpassen konntest oder für den Übergang aus der Schule in das Praktikum lange gebraucht hast.**

Schule	Betrieb
Anwesenheit von ______ bis ______ Uhr	Anwesenheit von ______ bis ______ Uhr
Pausenzeiten:	Pausenzeiten:
Anzahl der Mitschüler im Klassenraum:	Anzahl der Mitarbeiter im Betrieb:
Deine hauptsächlichen Aufgaben:	Deine hauptsächlichen Aufgaben:
An der Schule gefällt mir:	Am Betrieb gefällt mir:
An der Schule gefällt mir nicht:	Am Betrieb gefällt mir nicht:

Was hat mir am meisten Spaß gemacht?

Was wäre Arbeit ohne Spaß? Was wäre Schule ohne Spaß?

Man würde die Tage wahrscheinlich nur „mühsam" überstehen. Ohne Spaß an der Arbeit kommt es einem manchmal sehr lang vor, bis der Tag vorbei ist.

Wichtig für die Auswertung deines Praktikums ist daher die Frage, was dir am meisten Spaß gemacht hat. Wenn du viele schöne Momente im Praktikum erlebt hast, könnte das bedeuten, dass du mit der Arbeit gut zurecht kamst und dich damit zumindest ein bisschen identifizieren konntest. Das ist eine wichtige Grundlage für Glück und Zufriedenheit im Berufsleben.

Wenn du merkst, dass dir nur wenige Dinge im Praktikum gefallen haben, solltest du überlegen, warum das so ist. Welche Gründe führten dazu, dass vieles nicht so war, wie du es erhofft hast? Diese Überlegungen helfen dir bei deiner Berufswahl, weil du dann entscheiden kannst, welche Arbeiten dir nicht liegen. Somit kannst du bestimmte Ausbildungsberufe ausschließen und dich darauf konzentrieren, was dir Spaß macht.

B STEFFEN, PRAKTIKANT IN EINER APOTHEKE, BERICHTET DARÜBER, WAS IHM BESONDERS SPASS GEMACHT HAT:

„Ich habe im Praktikum sehr oft Spaß gehabt, weil meine Kollegen ständig einen Spruch auf der Lippe hatten. Als ich mal einen Karton mit Medikamenten fallen gelassen habe, dachte ich, dass ich Ärger kriege. Aber wir haben alle gelacht – so was kann ja mal passieren. Die Mitarbeiter waren immer gut gelaunt und dadurch hatte ich jeden Tag Spaß beim Arbeiten." ■

1 **Denke an schöne Momente im Praktikum zurück und beschreibe diese genauer. Begründe auch, weshalb diese Momente für dich so schön waren.**

2 **Setze dich mit der Frage auseinander, was für dich unbedingt Voraussetzung ist (Tätigkeiten, Kollegen ...), um an der Arbeit Spaß haben zu können.**

Meine schönsten/lustigsten/angenehmsten Situationen im Praktikum:

___

___

___

___

___

___

___

___

Selbsteinschätzung nach dem Praktikum

Im Praktikum wurden neue, andere Fähigkeiten von dir abverlangt als in der Schule. Du wurdest in neue Bereiche eingeführt und konntest sicherlich zeigen, was du kannst. So waren einige Tätigkeiten für dich einfach und andere Tätigkeiten gingen dir vielleicht eher schwer von der Hand. Damit sind nicht bloß körperliche Aufgaben gemeint, sondern auch die sogenannten „sozialen Kompetenzen" wie Zuverlässigkeit, Pünktlichkeit oder Selbstständigkeit. Vielleicht ist dir durch das Praktikum bewusst geworden, was du noch an dir verbessern kannst.

Für die Berufswahl ist es wichtig, seine eigenen Stärken und Schwächen zu kennen. Denn wenn du weißt, was du kannst, wirst du eher einen passenden Beruf finden, indem du zufrieden bist. Wer beispielsweise merkt, dass er kein handwerkliches Geschick hat, würde als Maurer oder Tischler Schwierigkeiten haben.

B SO HABEN SICH ANDERE SCHÜLER EINGESCHÄTZT:

Sabine: *„In meinem Praktikum in der Konditorei habe ich Pralinen und Torten verziert. Das konnte ich sehr gut, sagt mein Betreuer. Ich muss aber noch an meiner ruhigen Hand arbeiten, damit ich die Verzierungen ordentlicher hinkriege."*

Matteo: *„Ich konnte gut mit den Kunden sprechen und habe sie bei der Auswahl der Kleidungsstücke nett beraten. Aber ich habe gemerkt, dass ich mich auf jeden Fall in meiner Pünktlichkeit verbessern sollte. Ich kam nämlich häufig zu spät."* ■

1 **Schätze deine gezeigten Fähigkeiten selbst ein: Schreibe dazu in die Tabelle, was du gut konntest und wo du dich verbessern kannst.**

Das konnte ich gut:	Hier kann ich mich verbessern:

Haben sich meine Vorstellungen bestätigt?

Du solltest darüber nachdenken, welche Folgen das Praktikum für deine Betriebs- und Berufsvorstellungen hatte.

- Gab es Situationen, die dich in deinen Plänen und Vorstellungen bestärkt haben? Manchen Schülern wird klar, dass sie ihren Praktikumsberuf durch eine Ausbildung erlernen möchten.
- Wurde dir durch das Praktikum bewusst, dass du andere Berufsvorstellungen hast? Manche Schüler merken, dass die Arbeit in dem Beruf nicht das Richtige für sie ist.

Tatsache ist, dass du einen kleinen Einblick in die Arbeitswelt erhalten konntest. Wenn sich deine Berufs- und Betriebsvorstellungen dadurch bestätigt oder verändert haben, ist das ein wichtiger Erfahrungsgewinn.

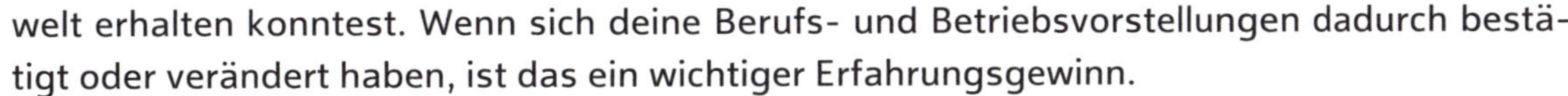

Sei dir aber im Klaren, dass du durch ein weiteres Praktikum in einem ganz anderen Betrieb möglicherweise ganz andere Erfahrungen machst. Schließlich ist die Arbeit in jedem Betrieb anders – genauso wie auch jede Schulklasse ihre eigenen Besonderheiten hat.

B SOLCHE KONSEQUENZEN HABEN ANDERE PRAKTIKANTEN AUS IHREM BETRIEBSPRAKTIKUM GEZOGEN:

Steffi: *„Mich hat das Praktikum verunsichert. Ich weiß überhaupt nicht, was ich später werden soll.“*
Nesrin: *„Ich habe durch das Praktikum gemerkt, dass ich mit Menschen zusammenarbeiten möchte.“*
Florian: *„Das Praktikum hat mir gezeigt, dass der Beruf als Maurer anstrengender ist als ich dachte. Ich werde auf jeden Fall eine andere Ausbildung machen.“* ■

1 **Beantworte zunächst die unten stehende Frage a), welche Vorstellungen du vor dem Praktikum über den Betrieb und den Praktikumsberuf hattest.**

2 **Denke an die Zeit im Praktikum zurück und entscheide für dich bei Frage b) und c), welche Konsequenzen das Praktikum auf deine Berufs- und Betriebsvorstellungen hatte.**

a) Meine Vorstellungen über den Betrieb und den Praktikumsberuf waren vor dem Praktikum:

____

____

b) Das Praktikum hat meine Vorstellungen zur Arbeit im Betrieb ☐ **bestätigt,** ☐ **nicht bestätigt**, weil

____

____

c) Das Praktikum hat meine Vorstellungen zum **Praktikumsberuf** ☐ **bestätigt,** ☐ **nicht bestätigt**, weil

____

____

Gesamteindruck

Diese Fragen helfen dir bei der Beschreibung deines Gesamteindrucks:

- Wie hast du dich im Rückblick während deines Praktikums gefühlt?
- Entsprachen die Tätigkeiten deinen Vorstellungen und Wünschen?
- Hatte das Praktikum einen Einfluss auf deinen Berufswunsch?
- Könntest du dir vorstellen, in diesem Beruf eine Ausbildung zu absolvieren?

B SO SIEHT JAN SEIN PRAKTIKUM IM RÜCKBLICK:

„In den beiden Praktikumswochen habe ich verschiedene Aufgaben eines Reiseverkehrskaufmannes kennen gelernt. Jetzt weiß ich, wie sich die tägliche Arbeit anfühlt. Es gab gute und anstrengende Tage, aber insgesamt hat mir das Praktikum auf jeden Fall Spaß gemacht. Das Praktikum hat mir sehr geholfen und mich weitergebracht. Ich weiß jetzt, in welchem Beruf ich später mal eine Ausbildung machen möchte!“ ■

Beschreibe hier deinen Gesamteindruck zum Betriebspraktikum:

Surftipps und Apps zu Praktikum und Bewerbung

Hier findest du eine Auswahl interessanter Internetlinks und Apps, die dir bei der Suche nach einem Praktikumsplatz nützlich sein könnten.

BERUFE Entdecker: Was willst du werden?
http://entdecker.biz-medien.de
Der BERUFE Entdecker der Bundesagentur für Arbeit hilft dir, spannende Ausbildungsberufe zu finden. Die kannst du dann im Praktikum näher kennenlernen. BERUFE Entdecker gibt es auch als kostenlose App für Android und Apple.

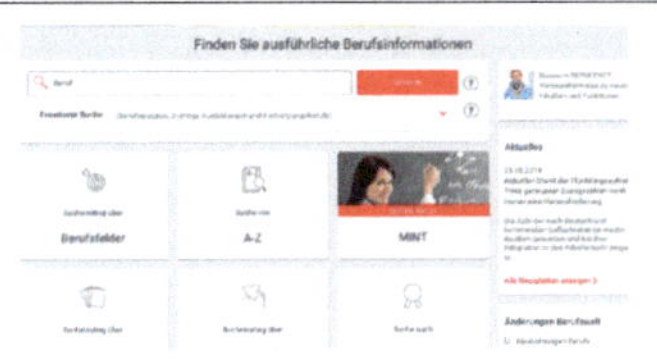

BERUFENET der Bundesagentur für Arbeit
https://berufenet.arbeitsagentur.de
Im BERUFENET kannst du über das Feld Beruf/Suchbegriff einfach einen Beruf eintragen, über den du mehr wissen möchtest. Über die Jobbörse der Arbeitsagentur kannst du nach Ausbildungsstellen suchen. Diese Angebote kannst du auch über die kostenlose App **AzubiWelt** für Android und Apple abrufen.

BERUFE.TV
http://www.berufe.tv
Das Filmportal der Bundesagentur für Arbeit bietet Videos zu über 600 Berufen. Praktikanten und Azubis stehen selbst vor der Kamera und berichten über ihre Berufe. Außerdem gibt es Filme zu verschiedenen Themen rund um Berufswahl und Bewerbung. **BERUFE.TV** gibt es auch als kostenlose App für Android und Apple.

planet-beruf.de
http://www.planet-beruf.de
Das Internetportal bietet dir grundlegende Informationen zu Berufswahl, Praktikum und Bewerbungstraining.

BERUFE-Universum
https://portal.berufe-universum.de
Mit dem BERUFE-Universum kannst du deine Stärken, Interessen und Verhaltensweisen einschätzen. Dies hilft dir bei der Auswahl eines Berufes, den du im Praktikum näher kennenlernen kannst.

IHK Lehrstellenbörse
https://www.ihk-lehrstellenboerse.de
In der Lehrstellenbörse der IHKs kannst du in deiner Region oder bundesweit nach deinem Wunschberuf und dem passenden Ausbildungsbetrieb suchen. Die **IHK Lehrstellenbörse** gibt es auch als kostenlose App für Android und Apple.

Notizen